L'INSTITUTEUR PRIMAIRE,

OU

LA PLUS SIMPLE MÉTHODE

POUR APPRENDRE A LIRE,

D'APRÈS LE SYSTÈME D'ÉPELLATION DE MM. DE PORT-ROYAL.

Supplément aux Tableaux,

OU

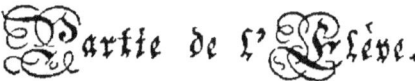

ORLÉANS,

IMPRIMERIE DE COIGNET-DARNAULT,
Rue Bannier, 83.

1838.

SUPPLÉMENT AUX TABLEAUX,

OU

PARTIE DE L'ÉLÈVE.

EXCEPTIONS ET DIFFICULTÉS.

****

ai. --- aï.

Samedi, je chantai en faisant (*fe-zan*) mon devoir, aujourd'hui, mon maître m'en punit.

Votre bienfaisance (*bi-en-fe-zan-ce*) envers lui a été très-mal récompensée.

Un mortel bienfaisant (*bi-en-fe-zan*) approche de Dieu même.

Ces deux familles ont entre elles une haine (*ai-ne*) héréditaire.

Nous aimons la vérité, nous haïssons (*a-i-sson*) le mensonge.

Les grands haïssent (*a-i-sse*) la vérité,

parce qu'elle les rend haïssables (*a-i-ssa-ble*).

Je ne puis le haïr (*a-i*), après l'avoir tant aimé.

ao.

La première mouche qui le piquera sera un taon (*ton*).

Au mois d'aout (*d'ou*) prochain, j'espère me promener en bateau sur la Saône (*Sô-ne*).

L'aoriste (*l'o-ri-ste*), en terme de grammaire grecque, marque un prétérit indéfini.

Le paon (*pan*) était l'oiseau favori de Junon.

Aon (*A-on*), fils de Neptune, obligé de fuir de l'Apulie, vint dans la Béotie, où il s'établit sur des montagnes qui, de son nom, furent appelées Aoniennes (*A-o-ni-è-nne*).

L'aorte (*l'a-or-te*) est une artère qui sort du ventricule gauche du cœur pour porter le sang dans tout le corps.

Mon père m'a fait présent d'un panier de fruits bien aoûtés (*a-ou-té*).

y. ay. ey. oy. uy.

Les pyramides d'Egypte sont mises au nombre des sept merveilles du monde.

Combien croyez-vous (*croi-ié*) qu'il vous fasse payer (*pai-ié*) ces meubles?

Ne vous effrayez (*è-ffrai-ié*) pas, je vous suivrai partout.

Je désire que vous soyez (*soi-ié*) contents des livres que je vous ai envoyés et (*é*) que vous n'ayez (*n'ai-ié*) pas à vous en plaindre.

Le moyen (*moi-ien*) le plus sûr pour apprendre à lire, c'est (*c'è*) de lire souvent.

Parlez (*par-lé*) au doyen, il vous dira ce que vous devez faire.

Si vous vous ennuyez (*an-nu-i-ié*) ici, mon ami, prenez courage! demain nous partirons pour aller voir l'abbaye (*l'a-bbai-i-e*) de Belle-Fontaine.

Fuyons (*fu-i-ion*), mes enfants, le funeste exemple de cet homme déloyal (*dé-loi-ial*).

Je souhaite que vous soyez le roi de ce beau royaume (*roi-au-me*).

Pourquoi me parler (*par-lé*) encore de Mayenec (*Ma-ian-ce*), moi qui ne peux y penser sans être encore effrayé (*è-ffrai-ié*) du malheur qui m'y est arrivé.

Le premier (*pre-mi-é*) du mois de septembre j'entrai dans Mayenne (*Ma-iè-nne*), et le dernier jour j'en sortis.

Console-toi, mon ami, nous retournerons bientôt à Blaye (*Blai-e*).

Un bon paysan (*pai-i-zan*) vaut bien un citadin.

Beynac (*Bé-nac*) est un chef-lieu de canton du département de la Corrèze.

Je viens de voir, à Paris, le dernier dey (*dé*) d'Alger.

au. aü. eo. œ. œu. eu.

Son audace seule le fera mépriser et il en aura souvent du désagrément.

Le paule, monnaie de Rome, équivaut à-peu-près à cinquante-six centimes de la monnaie française.

Le roi Saül (*Sa-ul*) conçut une grande

jalousie contre David, en apprenant ses succès.

L'histoire rapporte qu'Ésaü (*É-za-u*), pour un plat de lentilles, vendit son droit d'aînesse à Jacob.

Le geolier (*jo-li-é*) de l'ancienne prison s'appelait Georges (*jor-je*).

Pendant le souper il songeait (*son-jè*) à lui confier le secret; mais il lui ménagea encore cette peine, et il mangea comme à son ordinaire.

Ce pigeon (*pi-jon*) est un des plus beaux que nous ayons vus au marché.

Les bourgeons de la vigne sont beaux; ils promettent une année abondante.

Ces bourgeois demandèrent le chemin qui mène à la ville au premier villageois qu'ils trouvèrent sur la route.

L'œil (*l'euil*) fixé sur ce bel œillet (*euill-è*), j'admire la puissance de son auteur, et la perfection de son œuvre (*eu-vre*) m'invite à l'aimer

Cette maison nouvellement bâtie a trois œils-de-bœuf (*euil-de-beuf*).

Le Télémaque de Fénélon est un chef-d'œuvre (*chè-d'eu-vre*) de littérature.

Je vous ferai servir un œuf (*euf*) frais à votre déjeûner.

Le cœur (*keur*) ulcéré, il pleura long-temps (*lon-tan*) encore sans pouvoir calmer sa douleur.

Le chœur (*keur*) de cette église n'est point proportionné à la nef.

Ma sœur (*seur*) est partie hier pour un long voyage, elle ne pourra revenir qu'au mois de juin (*jun*).

J'eus (*j'u*) le plaisir d'être admis en sa présence; mais Joseph n'eut (*n'u*) pas le même bonheur.

Jeudi nous irons en promenade, et nous retrouverons, sans doute, le bon fermier que nous eûmes (*u-me*) tant de joie de revoir l'autre jour.

oi. oï.

Les Gaulois ne conservèrent pas long-temps leurs lois intactes,

Les deux murailles de ce grand jardin

forment une très-belle encoignure (*an-co-gnu-re*).

Charles s'est demis le poignet (*po-gné*) de la main gauche, en tombant d'un arbre.

Voilà, à dire vrai, le plus bel oignon (*o-gnon*) que j'aie jamais vu.

Qui sert bien, son pays n'a pas besoin d'aïeux (*d'a-ieu*).

Laissez-moi chanter la gloire de mon héroïne (*é-ro-i-ne*).

ue. uë.

L'avenue de ce château est fort belle; j'aime à m'y promener.

Sa voix aiguë (*ai-gu-e*) et perçante fait au loin retentir les échos, et me glace d'effroi.

Ses paroles ambiguës (*an-bi-gu-e*) m'ont empêché de le comprendre.

c. m. x.

Adolphe est toujours le second (*se-gon*) de sa classe.

Abraham (*A-bra-ame*) eut immolé (*im-*

mo-lé) son fils, si un ange n'eut arrêté l'épée qui devait le frapper.

La ville de Bethléem (*Bèt-lé-èm*) fut honorée de la naissance du Sauveur, et Jérusalem (*Jé-ru-za-lèm*) fut le lieu où il opéra la rédemption du monde.

L'excès (*l'ek-cè*) en toute chose ne vaut rien et nuit ordinairement.

A l'âge de soixante (*soi-ssan-te*) ans je sortis de Luxueil (*Lu-ceuil*) pour aller à Bruxelles (*Bru-cè-lle*).

Le deuxième (*deu-zi-è-me*) jour du mois d'août je passai à Auxerre (*Au-cè-rre*).

―――

On lit dans l'histoire que Nabuchodonozor (*Na-bu-co-do-no-zor*) fut changé en bête.

Jacob quitta le pays de Chanaan (*Ca-na-an*) pour aller voir Joseph en Egypte.

Ce château-fort peut être, avec raison, regardé comme inexpugnable (*i-nex-pug-na-ble*).

La femme (*fa-me*) de mon frère est morte en Espagne.

Les chevaux hennissent (*ha-nni-ce*) dans cette verte prairie.

De la plus pure joie, Dieu enivre (*an-ni-vre*) les élus dans la terre des vivants.

La fête de saint Pierre fut la plus solennelle (*so-la-nnè-lle*) de Rome.

Le muséum (*mu-zé-ome*) vient d'être enrichi d'une belle collection de minéraux.

Ce rire ne dépasse pas le nœud de la gorge.

Dieu est éternel, immuable, immortel, et son pouvoir est absolu.

Si le ciel exauce mes vœux, votre bonheur sera parfait.

Mon cher ami, je n'ai d'autres nouvelles à te donner, sinon que la mer est très-houleuse.

Monsieur le comte est parti ce soir bien tard pour se rendre à Munster.

La naïveté plaît toujours dans un enfant.

Nota On trouve dans la lecture française un grand nombre de noms étrangers dont l'orthographe est particulière à chacun, et qui ne peuvent avoir que l'usage pour règle.

> Ils auront pour pére, le Père
> qui est dans les Cieux.

Deux hommes étaient voisins, et chacun d'eux avait une femme et plusieurs petits enfants, et son seul travail pour les faire vivre.

Et l'un de ces deux hommes s'inquiétait en lui-même, disant : Si je meurs, ou que je tombe malade, que deviendront ma femme et mes enfants ?

Et cette pensée ne le quittait point, et elle rongeait son cœur comme un ver ronge le fruit où il est caché.

Or, bien que la même pensée fut venue également à l'autre père, il ne s'y était point arrêté; car, disait-il, Dieu qui connaît toutes ses créatures et veille sur elles, veillera aussi sur moi, et sur ma femme et sur mes enfants.

Et celui-ci vivait tranquille, tandis que

le premier ne goûtait pas un instant de repos ni de joie intérieurement.

Un jour qu'il travaillait aux champs, triste et abattu à cause de sa crainte, il vit quelques oiseaux entrer dans un buisson, en sortir, et puis bientôt y revenir encore.

Et s'étant approché, il vit deux nids posés côte à côte et dans chacun plusieurs petits nouvellement éclos et encore sans plumes.

Et quand il fut retourné à son travail, de temps en temps il levait les yeux, et regardait ces oiseaux, qui allaient et venaient portant la nourriture à leurs petits.

Or, voilà qu'au moment où l'une des mères rentrait avec sa becquée, un vautour la saisit, l'enlève, et la pauvre mère, se débattant vainement sous sa serre, jétait des cris perçants.

A cette vue, l'homme qui travaillait sentit son âme plus troublée qu'auparavant : car, pensait-il, la mort de la mère, c'est la mort des enfants. Les miens n'ont que moi non plus. Que deviendront-ils si je leur manque?

Et tout le jour il fut sombre et triste, et la nuit il ne dormait point.

Le lendemain, de retour aux champs, il se dit : Je veux voir les petits de cette pauvre mère : plusieurs sans doute ont péri. Et il s'achemina vers le buisson.

Et regardant, il vit les petits bien portants; pas un ne semblait avoir pâti.

Et ceci l'ayant étonné, il se cacha pour observer ce qui se passerait.

Et après un peu de temps, il entendit un léger cri, et il aperçut la seconde mère rapportant en hâte la nourriture qu'elle avait recueillie, et elle la distribua à tous les petits indistinctement, et il y en eut pour tous, et les orphelins ne furent point délaissés dans leur misère.

Et le père qui s'était défié de la Providence, raconta le soir à l'autre père ce qu'il avait vu.

Et celui-ci lui dit : Pourquoi s'inquiéter? Jamais Dieu n'abandonne les siens. Son amour a des secrets que nous ne connaissons point. Croyons, espérons, aimons, et poursuivons notre route en paix.

Si je meurs avant vous, vous serez le père de mes enfants ; si vous mourez avant moi, je serai le père des vôtres.

Et si, l'un et l'autre, nous mourons avant qu'ils soient en âge de pourvoir eux-mêmes à leurs nécessités, *ils auront pour père, le Père qui est dans les cieux.*

Un sage a dit que l'instruction est un trésor, et que le travail en est la clef.

Les moments que nous employons à l'étude ne laissent après eux aucun vide.

Les livres, disait Alphonse, sont parmi mes conseillers ceux qui me plaisent le plus : ni la crainte, ni l'espérance ne les empêchent de me dire ce que je dois faire.

La lecture sert à orner l'esprit, à régler les mœurs, et à former le jugement.

La religion, ainsi que la raison, nous recommande de faire le bien et de fuir le mal.

La raison, comme la religion, nous révèle une autre vie.

L'ignorance et la folie croient savoir tout : l'une et l'autre sont orgueilleuses ; le véritable mérite seul est modeste.

Beaucoup de personnes voudraient savoir ; mais peu désirent apprendre.

Ovide a dit que l'étude adoucit les mœurs et efface tout ce qu'il y a en nous de grossier et de barbare.

Le bien qu'on fait n'est jamais perdu : si les hommes l'oublient, Dieu se le rappelle et le récompense.

Faites du bien aux hommes, et vous serez béni : voilà la vraie gloire.

Destinés à vivre avec les hommes, nous devons montrer de l'indulgence pour leurs faiblesses, et de la compassion pour leurs malheurs.

Les méchants peuvent paraître heureux, mais ne croyez pas qu'ils le soient : s'ils ont le sourire sur les lèvres, ils ont la mort dans le cœur.

Ce qui empêche le plus souvent qu'un jeune homme devienne habile, c'est la suffisance et la persuasion de son propre mérite.

La sagesse pallie les défauts du corps, et ennoblit l'esprit.

L'homme doit se rendre heureux dans tous les âges, de peur qu'après bien des soins il ne meure avant de l'avoir été.

Chérissez votre père et votre mère, qui vous ont comblé de bienfaits, et aimez votre patrie, que les hommes de bien ont toujours chérie et servie.

Le plus grand des défauts qu'un homme puisse avoir, c'est de s'en croire exempt.

Les jeunes gens s'imaginent que tout le monde les regarde, et les vieillards, que personne ne les voit.

Tout est pénible pour les hommes que la mollesse a nourris.

Ne faites point d'amis légèrement, et conservez ceux que vous avez faits.

Les hommes qui se sont rendus les plus dignes des regards de la postérité, sont ceux qui ont fait le plus de bien au genre humain.

Ne faites rien qui ne soit digne des maximes de vertu qu'on a tâché de vous inspirer.

On ne doit jamais regretter ni le temps ni la peine qu'a coûtés une bonne action.

L'homme n'a guère de maux que ceux qu'il s'est attirés lui-même.

Une bonne action est récompensée par le plaisir de l'avoir faite.

Que de jeunes gens se sont laissés égarer par de mauvais conseils.

Les chrétiens ne meurent pas, ils ne font que changer de vie.

N'attendez pas la dernière heure pour commencer à bien vivre.

La paresse chemine si lentement, qu la pauvreté ne tarde pas à l'atteindre.

Veux-tu devenir bientôt homme de bien. évite les méchants, fréquente les bons, e ne demeure jamais oisif.

Dieu répand ses faveurs sur les gens vertueux.

La lutte continuelle des passions contre la raison ne nous laisse aucun repos.

L'espoir d'une condition plus heureuse adoucit les peines qu'on éprouve.

Plus on se livre à ses penchants, plus on en devient esclave.

L'homme sage est celui qui ne s'écarte jamais de ses devoirs.

Je crains Dieu, dit un homme de bien, et après Dieu, je ne crains que celui qui ne le craint pas.

L'homme naît dans les pleurs, vit dans les plaintes, et meurt dans les regrets.

L'esprit, les talents, le génie procurent la célébrité, la vertu seule donne la félicité.

Une seule chose peut être extrême sans se détruire, c'est l'amitié.

Un ami sûr fait le charme et le bonheur de la vie.

Naître, croître, stationner et déchoir : voilà la vie.

Il y a trois sortes d'ignorance : ne rien

savoir, savoir mal ce qu'on sait, et savoir autre chose que ce qu'on doit savoir.

L'égoïsme comprime les mouvements généreux du cœur.

Ne dites jamais cette faute est légère, je puis la commettre sans danger.

Désires-tu apprendre à bien mourir ? apprends auparavant à bien vivre.

Passion sublime ! sentiment des grandes âmes ! bonheur du monde, devant lequel tous les maux disparaissent ou s'affaiblissent, et tous les biens s'embellissent, ô divine amitié, ton nom seul me rappelle tous les charmes de la vie !

Jamais l'esprit et la routine ne suppléeront au bon sens ni au savoir.

On ne reprend avec art que ceux qu'on craint ou qu'on aime.

Les ignorants croient tout voir, et ils ne voient rien; ils n'aperçoivent tout au plus que de vaines ombres qui n'ont rien de réel.

On augmente son bonheur en le partageant avec un ami.

Un père aime ses enfants tout en haïssant leurs défauts.

L'homme sensé ne répond jamais aux injures.

Tous les honnêtes gens s'intéressent à un jeune homme instruit et modeste.

La bonté et la puissance de Dieu sont infinies. Assis sur son trône, au centre de l'univers, il anime tout du souffle de sa bouche, et donne à tout l'ordre, la beauté et la grâce.

Tous les honneurs paraîtraient payés trop cher à l'honnête homme, s'ils lui avaient coûté quelque bassesse.

Tromper les autres, c'est s'exposer à être trompé soi-même.

Plus on lit les bons livres, plus on en sent les beautés.

Ne jugeons pas des bois par leur écorce, ni des hommes par leur extérieur.

Si on pouvait oublier qu'on est malade, souvent on serait guéri tout de suite.

De toutes les créatures vivantes, l'homme est la seule qui n'ait pas la face tournée vers la terre ; il marche les yeux dirigés vers le ciel, comme pour indiquer la supériorité de son origine.

Un jeune libertin voyant un vieil ermite passer près de lui, nu-pieds, lui dit : « Mon père, vous êtes dans un triste état, s'il n'y a pas un autre monde. » Cela est vrai, mon fils, répondit l'ermite, en le regardant sévèrement, mais quel sera le tien, s'il y en a un ?

La jeunesse est la fleur de la nation tout entière ; mais c'est dans la fleur qu'il faut préparer le fruit, et c'est en veillant sur l'éducation des enfants qu'on en fait des hommes utiles à eux-mêmes et à leurs semblables. Qu'on leur apprenne donc, dès leur enfance, à détester l'injustice, le mensonge, l'ingratitude, et à fuir toutes ces délices qui amollissent les hommes ; qu'ils apprennent à être fidèles à leurs promesses, tendres pour leurs amis, et compatissants envers tous les hommes ; qu'ils craignent plus les reproches de leur conscience que les tourments et la mort.

DE LA LECTURE A HAUTE VOIX.

L'art de bien lire est assez difficile, et le lecteur, pour faire passer dans l'âme de ceux qui l'écoutent, les sentiments exprimés par l'auteur dont il lit l'ouvrage, a besoin d'un certain nombre de qualités différentes. Pour bien lire, quatre choses sont essentielles : il faut prononcer distinctement, faire comprendre très-nettement ce qu'on lit, éviter les tons faux et donner du charme à son débit.

Une des conditions les plus indispensables de la lecture est de grouper les mots d'une phrase de telle sorte qu'elle devienne claire et que le sens en soit facile à saisir : on doit donc éviter avec soin les séparations fausses, et comme la respiration joue un grand rôle dans la lecture à haute voix, non-seulement il ne faut pas respirer au milieu d'un mot, mais il ne faut pas même respirer au milieu d'un membre de phrase : le goût et le tact sont de meilleurs guides encore que les signes de ponctuation. En effet, ces signes ne sont pas d'une valeur absolue, et les auteurs ponctuent leurs phrases différemment ; cette différence tient au plus ou moins de logique qui règne dans les idées de chacun, à son style plus ou moins nombreux. Néanmoins les virgules et les points indiquent ordinairement les endroits où le lecteur peut reprendre haleine ; encore chaque auteur cède-t-il involontairement à son organisation particulière, et proportionne-t-il la longueur des phrases à celle de sa respiration. Cette remarque ne peut guère s'appliquer qu'aux ouvrages de littérature.

Enfin, il ne faut pas, pour observer les règles de lecture établies pour la liaison des mots, s'astreindre à toujours les mettre en pratique ; mais il vaut mieux consulter le bon goût et l'oreille, et se mettre moins en peine de s'y asservir si scrupuleusement.

Imp. de COIGNET-DARNAULT, rue Bannier, 83, à Orléans.

www.ingramcontent.com/pod-product-compliance
Lightning Source LLC
Chambersburg PA
CBHW070538050426
42451CB00013B/3074